“十四五”国家重点出版物出版规划项目

三江源国家公园自然教育系列丛书

三江源国家公园
生态文化专辑

远方的呼唤

寻梦三江源

本书编委会　编

中国地图出版社
·北京·

图书在版编目（CIP）数据

远方的呼唤：寻梦三江源 / 本书编委会编．-- 北京：中国地图出版社，2023.12
ISBN 978-7-5204-2311-3

Ⅰ．①远… Ⅱ．①本… Ⅲ．①诗集－中国－当代 Ⅳ．①I227

中国版本图书馆 CIP 数据核字 (2022) 第 229023 号

YUANFANG DE HUHUAN——XUNMENG SANJIANGYUAN
远方的呼唤——寻梦三江源

出版发行	中国地图出版社	邮政编码	100054
社　　址	北京市西城区白纸坊西街 3 号	网　　址	www.sinomaps.com
电　　话	010-83490076　83495213	经　　销	新华书店
印　　刷	河北环京美印刷有限公司	印　　张	10.5
成品规格	185 mm × 260 mm		
版　　次	2023 年 12 月第 1 版	印　　次	2023 年 12 月河北第 1 次印刷
定　　价	45.80 元		
书　　号	ISBN 978-7-5204-2311-3		
审 图 号	青 S（2023）098 号		

本书中国国界线系按照中国地图出版社 1989 年出版的 1：400 万《中华人民共和国地形图》绘制。
如有印装质量问题，请与我社联系调换。

《三江源国家公园自然教育系列丛书》

《三江源国家公园生态文化专辑》

聂振生	铁万钢	索昂江才	崔国靖	鄂明尔	黄玉庭
曹鸳姣	朝　颜	蒋继辉	葛永红	程东斌	韩东林
雷秀春	靳兴刚	翟红本	潘一之	燕　超	籍兵山

本书编辑部

策　　划：孙　水
责任编辑：李　铮
编　　辑：何　慧　董　蕊　杨　帆　周　际　朱晓晓　葛安玲
复　　审：周　际　董　蕊
审　　订：杨　帆
文字审校：董　蕊　杨　帆　葛安玲　李　铮
地图制图：朱利杰　何　冰
地图审校：张云红　郭海峰　林　东　何　慧　李　铮　朱晓晓
装帧设计：徐　莹　王雪晨　张韶珂
封面设计：徐　莹
图片提供：李友崇　视觉中国
融媒体策划：郭玉婷
融媒体编辑：刘　尧　吴劲松　王　川　刘　洋

总序

盛世修书，述典启智。编撰出版《三江源国家公园自然教育系列丛书》，是一项重大的自然教育工程，亦是国家公园给予国民的重要公共生态产品。这套丛书的出版，对于我们践行习近平生态文明思想，凝聚社会各界共识，认真履行保护好“中华水塔”这一“国之大者”的特殊使命，厚植公众生态文明素养，筑牢中华民族永续发展根基，都具有十分重要的意义。

三江源国家公园地处青海省西南部，长江、黄河、澜沧江发源于此，总面积 19.07 万平方千米。每年向下游输送近 600 亿立方米的清洁水，是我国乃至东南亚淡水资源的重要补给地。同时，三江源也是高原生物多样性最富集的地区，是全球气候变化的敏感区和重要启动区，是国家生态安全的重要屏障，其生态系统服务功能、自然景观、生物多样性具有全国乃至全球意义的保护价值。党中央、国务院对三江源的生态保护工作高度重视，全国人民充分关注，各方有识之士寄予厚望。

建立国家公园体制是习近平总书记亲自谋划、亲自部署、亲自推动的重大制度创新。2016 年 3 月，中共中央办公厅、国务院办公厅印发《三江源国家公园体制试点方案》，拉开了中国建立国家公园体制实践探索的序幕。三江源国家公园成为中国国家公园发展的先行者和“试验田”以来，创新管理体制机制，不断探索人与自然和谐共生之路，坚定不移做“中华水塔”守护人，引领全国各地催生了生态环境保护领域一批系统性、突破性、标志性成果。

2021年10月，国家主席习近平在《生物多样性公约》第十五次缔约方大会领导人峰会上宣布正式设立三江源国家公园。全面推动三江源国家公园建设高质量发展，把三江源国家公园建设成为青藏高原生态保护修复示范区，三江源共建共享、人与自然和谐共生的先行区，青藏高原大自然保护展示和生态文化传承区，离不开文化铸魂，要教育先行。编撰出版《三江源国家公园自然教育系列丛书》，就是向广大读者全面介绍三江源国家公园最重要的自然生态系统、最独特的自然景观、最精华的自然遗产、最富集的生物多样性，也是挖掘天人合一等中华优秀传统文化，倡导公众树立尊重自然、顺应自然、保护自然的理念，着力打造具有国家代表性和世界影响力世界自然保护地典范的有益尝试。

书以载道，文以养心。希望这套由中国地图出版社出版的大型丛书，能给读者提供一场对三江源无与伦比的认知盛宴，一起见证三江源国家公园的茁壮成长。

是为序。

三江源国家公园管理局

序

这本文图并茂的诗集把我导入了两种别样的认知状态：在空间维度上，世上景观似乎只有两个地方，一个是三江源，另一个则是三江源之外；在时间维度上，要么是从古代穿越到了今天，要么是从今天穿越到了古代。

自从三江源国家公园设立后，描述三江源的诗文充斥于屏间纸上，但能让人“眼前一亮”者却是凤毛麟角。而这本诗集，则是从思想定位、时代站位和文学品位上荟萃精华，作品的思想性、艺术性、时代性、文化性，可以说均达到了一个较高的水准。其文质、意境已然推精出彩，其华彩、艺术自成满纸烟霞。

品读诗作，时如一幅幅画卷在眼前徐徐展开，有酣畅淋漓的写意，有精描细绘的工笔，或宏观铺排，或察微洞幽；时如一首首乐曲在耳畔声声回响，有雄浑磅礴的气势，有婉约细腻的咏叹，或激昂高亢，或轻诉低吟；时如一帧帧影像在脑海次第飘闪，有色彩斑斓的动态切换，有亘古不变的静态雕塑，或流幻陆离，或凝铸永恒。画卷也好，乐曲也好，影像也好，无不是从审美的角度指向并诠释着三江源一景色之大美、物种之珍稀、地位之重要、人文之卓殊、护育之倾情。在这里，我读到了生态的原真，了解了生物的丰富，感到了生机的磅礴，看到了文华的璀璨。正如陈寿宗先生有副对联所题：

斯源天意开，万仞雪山，千方湖泊，十分活水；

今日民心照，百年国策，三系园林，一派生机。

真善美是文学作品的永恒追求。在诗人们充沛的激情和生动的笔触下，中华民族文化丰富的哲学思想、人文精神、道德理念、审美习惯、史迹典故等，都成了三江源永恒的底色，其与三江源的自然风貌和人文色彩深度融合，使美学思想与美文魅力高度契合，使美德灵光与美景风采完美映照，从而升华了作品的思想境界、艺术境界、文化境界，让三江源山水之真、生命之善、人物之美，以诗的形式得以集中呈现和表达。在诗情的驱动下，三江源高冷的气质、别样的物候、特异的颜值，演绎出一行行精美的文字，既高调简约，又低调奢华。

优秀作品是要叫得响、传得开、留得住的。我有理由相信这部诗集中的作品能无愧“优秀”之称。如果说三江源是一幅宏阔的画卷，那么这本诗集则为其落款了一枚鲜红的中国印；如果说三江源是一部恢宏的华章，那么这本诗集则为其提炼了精美的主题词。从这些印章和主题词中，我看到一颗颗得到了三江源山魂水魄润养的晶莹诗心。

中国楹联学会辞赋文化院院长

目录

第一辑　诗吟三江源

第二辑　词话三江源

第三辑　联题三江源

第四辑　歌咏三江源

第一辑

诗吟三江源

扫一扫，听音频

大 江 颂

谈 琰

天地茫茫任纵横，
千山怎挡我前行。
惊涛拍岸万重浪，
皆是神州心跳声。

月夜过沱沱河

蒋继辉

百水争流一架琴，
月光皎皎送清音。
生来蕴就三江梦，
背靠雪山弹到今。

三江源守护者（外一首）

张孝华

风云万里任消磨，
拍碎惊涛我唱歌。
守望一生情未改，
痴心早已嫁黄河。

重游三江源

万里风云送我来，
悠悠古道覆苍苔。
梦伸长臂三千里，
又把黄河搂入怀。

题长江源头（外一首）

苏兰芳

神川亘古对苍穹，
上有冰原十万峰。
涵养涓滴成大象，
一朝流去向天东。

咏 三 江 源

昆仑横亘与天齐，
泽被藏家原草萋。
为使生灵皆得哺，
三分雪乳过川西。

黄河壶口

崔国靖

雪笔前身峰证明，
蜿蜒大篆字流行。
胸中激荡雄文气，
写过龙门始出名。

三江源国家公园野生动物感言

李元庭

岂堪追忆旧时光，
擦亮双眸躲猎枪。
一自安全屏障设，
不分昼夜任徜徉。

澜沧江大峡谷（外一首）

鄂明尔

浪奔涛涌晓风寒，
岸陡谷深马不前。
霞映红岩山上望，
凌空犹有老鹰旋。

可可西里藏羚羊[1]

藏羚羊与藏原羚

澄湖草甸鸟嘤鸣，
却有凶残猎藏羚。
守望三江源宝地，
神山圣水佑生灵。

注 ①藏羚羊：学名藏羚，人们习惯称其为藏羚羊。

三江源守护者

代丽娜

万灵栖雪域，严酷独难撑。
危急随时救，迁移让路行。
鹿鸣关植被，源护信澄泓。
情逐三江远，流经惠众生。

长江源园区生态管护员骑摩托车开展巡护工作

黄河源头的生态守护者（外一首）

孙春艳

经霜带雨总由衷，放下牧鞭巡护中。
为使源头清活水，常将紫气润青丛。
请来幽静山间月，陶醉从容塞上风。
身处高寒何所苦，江流滚滚顺西东。

三江源拍摄到白唇鹿与雪豹对峙画面

白唇鹿

通天流域集群贤，
鹿豹相争正纠缠。
雪拥寒云风作鼓，
回音峭壁荡仙烟。

藏羚羊

白唇鹿

雪豹

三江源国家公园写意

王播春

高处引清泉，围云种雪莲。
月从眉上起，风在掌中眠。
向海飞神笔，生花落白宣。
墨池今古秀，不绝是新篇。

生态三江源

罗小军

氤氲其气物华新，碧野三江惹问津。
嵌下碧湖留月住，取来画韵把春陈。
胸怀每让文澜洗，筋骨还从底蕴匀。
看淡凡尘唯一笑，心临高处得归真。

三江源自然保护区纪念碑

翟红本

通天河畔小山岑，托起云碑情不禁。
鹭影一行新落脚，江声万古正弹琴。
同将生态无瑕绘，自信文明有迹寻。
逐字读来如岳重，巍峨矗在世人心。

唐蕃古道

周立军

屋脊三千里，相通拉萨门。
联婚两公主，传户几儿孙。
日月山分界，青稞酒合樽。
回看舅甥国，丝路筑雄浑。

鄂 陵 湖

孙运才

高泽离天只尺三，
瑶台涓滴汇成潭。
人来神鸟时惊起，
抓破平湖一鉴蓝。

咏可可西里

朱超范

古韵烟涛接混茫，谁颁春色遍遐荒。
冰川垒玉腾元气，草甸浮珠动夕阳。
神采初逢白唇鹿，精灵又见藏羚羊。
一方生态存遗产，共护天然云水乡。

可可西里地区的自然风光

三江源国家公园风景录二首

王　珍

一

源溯江河一二三，
星罗洁白网深蓝。
聚流终为苍生计，
分路奔东与赴南。

二

寻源青海省之南，
草甸湖光雁语酣。
优雅谁同白唇鹿，
成群守望一天蓝。

格　萨　尔

赵红宇

雪域传来荒古颂，悠扬激越入心魂。

陈情酣畅势磅礴，叙事深沉卷浩繁。

藏地族群文化鉴，东方荷马史诗尊。

游吟演绎宣承广，旷世英雄正气存。

致敬三江源守护者——秋培扎西①们

徐　辉

鞭声清脆往来频，甘做源头守护人。

映日琉璃常擦拭，含光锦绣细游巡。

心装家国情怀阔，血染鞍鞯信仰真。

漫道寒原风雪猛，群鹰正竦破云身。

注　①秋培扎西：三江源国家公园管理局长江源园区可可西里管护处卓乃湖保护站站长，三江源众多守护者中的一员。

寄怀黄河源

刘文渊

泉有神通总不眠，花开雪线报春天。
从来走兽自由舞，亘古苍鹰得意悬。
夏草望中羊点缀，青山随处蝶缠绵。
大河情重星星海，东向初心终未偏。

流淌过青海省果洛藏族自治州的黄河

黄　河

王景霞

清源万缕自昆仑，水是真身冰是魂。
九曲奔腾千岛翠，四时领略大江春。
高擎白浪追明月，淘尽黄沙鉴玉心。
亘古绵绵龙血脉，波扬上善润乾坤。

咏 黄 河

于隆第

昆仑源起接冰川，滚滚波涛巨石穿。
浪卷泥沙时序改，水涵草木雾烟连。
母怀大德深深梦，乳哺苍生万万千。
大国文明歌不尽，黄河故事后人传。

梦回三江源

张绍斌

谁云雪域少芳洲？喜见精灵蒙庇庥。
天地其中星似箭，昆仑之上月如钩。
英雄矫矫魂犹绕，野水潺潺影自流。
我欲长伸霹雳手，不容污垢染源头。

玉树传统民间舞蹈（外一首）

唐志丹

玉雪清溪牧草香，雄鹰展翅驭风翔。
轻盈秀丽仙姿韵，矫健威严武士刚。
弦子载歌飞水袖，藏袍流彩绚锅庄。
热情古朴高原美，涌动三江幸福长。

玉树赛马会

帐篷棋布聚江源，祈福煨桑盛会宣。
服饰美伦游客慕，风情歌舞笑声传。
拔河射箭尚英武，赛马摔跤凭猛坚。
三水奔腾民俗载，奋蹄勃发勇超前。

黄河谣

马建勋

九天银汉川流泻，万里长河割地裂。
挟风激荡入沧溟，黄涛横贯老龙穴。
溯源远上卡日曲，涓涓融汇高原雪。
上浣星辰下涤尘，雄魂凝聚何凛冽。
汗漫东流合百川，逶迤九曲孰可折。
鸿蒙不竭哺苍生，浪淘难尽竞人杰。
河洛文化开中华，太行风骨铸义节。
以此不屈寓象征，蕴藉精神亦卓烈。
缓平静若处子行，震怒突发咆哮彻。
已共轩辕祚运同，澎湃湍腾民族血。
炎黄脉，未可绝，母亲河，焉可亵？
伏波漭漭化龙蛟，勿使芸芸作鱼鳖。
长缨谁挽缚乾坤？唯我风华书史页。
高歌慷慨黄河谣，功德千秋勒碑碣。

三江源放歌

刘光和

如相问，华夏文明谁养涵？洪荒深处足可探。
深处饱蕴大渊薮，滥觞渐次出摇篮。
摇篮只枕干净土，红尘不见见神女。
神女襁褓育炎黄，世代不沫人初乳。
君不见，渥泽出高原，三江涌圣源。
绕膝唯宝婺，圣源自臂弯。
汤汤黄河与长江，关乎国运系兴亡。
岂止双流柔绕指，崩云裂石下澜沧。
水草丰美遍牛羊，三江馈我以琼浆。
琼浆入喉腾热血，敢于激扬时代著华章。
噫吁嚱！上善善下熟麦菽，泽及古今夸未足。
古人告诫涸泽渔，今人固守山川绿。
山川聚宝续永年，万类自由皆邻睦。
君不见，昔曾利用过度土流失，满目疮痍返枯瘠。
沙进人退几荒芜，闾阎栋宇成蚁垤。
君不见，喜从天降红头文，三江始有保护神。
但见草黄转新绿，一洗苍凉又著春。
藏羚跳，雪豹追，鸥鹭忘机不肯飞。
寄寓此间烟霞养，杂花心花共芳菲。
退牧还草民取利，利在千秋彰大义。
前人留荫后人乘，吾侪先筹子孙计。

青藏公路之父慕生忠将军颂

时玉维

青藏公路之父——慕生忠

雪覆昆仑亿万年，荦确山石走狂澜。
世界屋脊低头处，终有天路出云端。
忆昔将军进藏行，亲率驼队奋远征。
高寒缺氧路难进，荒漠沼泽险象生。
艰危不摧钢铁志，幸存骆驼骨架轻。
救命通道十万急，披雪进京自请缨。
借取工兵和器材，要向高原把路开。
彭帅总理亲批复，将军戈壁去复来。
钻地凿空汗铺路，一双茧手常带刺。
侧入人群难辨清，水没双膝奋双臂。
一锨一镐石可攻，旧袄一身同驼工。
千人同心禁区越，敢抛生死复从戎。
浴血路分秋练白，格桑花似早霞红。
河水让路盐桥奇，石峡炸开霜日移。
飞雪戈壁春天种，布尔汗布背影驰。
襟怀壮气天欲破，深壑飞桥鸟犹惊。
一山积雪人面起，九曲盘空入眼明。
芳草寸心酬日月，清源万里荡心胸。

唐古拉山飞哈达，雪山之巅腾巨龙。
沱沱河水清且涟，隆隆车声伴永眠。
天路塔前听一曲，光荣梦想壮诗篇。
半城楼林半城树，青藏明珠叠翠间。
公路之父精神在，万古长驻昆仑山。

青藏公路线路示意图

扫码看立体地图

世界上海拔最高、线路最长的柏油公路——青藏公路

第二辑

词话三江源

玉楼春·三江源遐想

刘庆霖

或因上古天心觉，为造三江承一诺。风从月谷涧边生，雪自星岩夹缝落。

太阳神受河神托，漫把冰川刀斧削。万千水滴汇成溪，从此源头日夜拓。

水调歌头·三江源放歌

苏　俊

青藏出云表，绝顶泻银潢。我来源溯三水，迥立向东方。指点长江形胜，领略黄河襟抱，把酒眺澜沧。昂首自兹去，终古溉吾邦。

曲齐奏，雷撼地，韵飞扬。五千年史，骁腾龙裔步铿锵。何惧潮流正急，试看沉浮能主，谈笑揽重洋。宇宙澄清处，鹏背更徉徜[1]。

注 ①宇宙澄清处，鹏背更徉徜：借指乘飞机俯瞰三江源。

水龙吟·可可西里

金　萍

昆仑莽莽连青藏，雪域高原无际。烟云滚滚，风嘶荒野，冰川壮丽。天接湖群，涵空一色，大河源地。溯三亿远古，苍凉广袤，乾坤净、呈真美。

更有珍稀植被。聚灵禽、啁啾适意。景观廊道，攒蹄结队，壮哉迁徙。草甸丰腴，逍遥游牧，纵情千里。正三江浩荡，殊珍遗产，载中华志。

临江仙·咏扎陵湖与鄂陵湖

杨晓航

堕泪仙妃何在？此间化作苍溟。明珠装点草青青。日携鸥鹭影，夜带雁鸿声。

一对眼眸深邃，应含无限深情。幽蓝凝望故人行。荒原千里寂，灿烂永恒星。

鹧鸪天·赞曲麻莱县黄河源头生态管护员

张立芳

影拽晨昏几道弯，雪霜踏碎背驮天。路从足下何妨窄，情系人间始得宽。

除浊物，护高原，洇开生态绿漪涟。寸心报以黄河水，万里流清润大千。

沁园春·三江源国家公园

周立军

青藏高原，世纪冰川，亘古高寒。看三江径合，千秋入史，九州襟抱，万里归船。扎曲流丹，长江含翠，两岸黄河飞柳烟。问何故，道灵光普照，嘉瑞人间。

由来圣水绵延。润广袤，见牛羊撒欢。有唐蕃古道，鹰飞百丈，神山果洛，白练三千。天路浮云，牧民好客，奶酒青稞红景天。可去往，但远游青绿，赓续新篇。

年保玉则仙女湖风光

水调歌头·赴三江源写生

吴月英

糌粑

马背一声喊，缥缈水云间。天蓝调色，湖碧皴染画无边。鞭起牛羊阵阵，漫过唐蕃古道，恋曲化冰山。摘朵星星美，开作措池妍。

转经筒，朝圣地，得长安。亲情呼唤，藏汉一脉饮同源。大块糌粑鲜美，大碗青稞斟满，不醉不回还。哈达悠悠许，结得五洲缘。

水调歌头·三江源

朱继彪

造物有深意，开辟故超然。地球隆起高处，着意置甘泉。千里银山绵亘，旷古清河环绕，绝壁挂冰川。原草衍灵畜，镜海映蓝天。

山之雪，雪之水，水之源。碧流涌动，分道喷薄下层巅。一汇滔滔九曲，一纳茫茫九派，一去海南湾。神圣三江水，华夏万斯年。

念奴娇·三江源寻梦

赵秀敏

昆仑回首，任群峰危耸，长风吹彻。终古冰川源万水，寒雪云天相接。草甸飞花，星湖踏浪，万里襟怀阔。三江寻梦，一轮秦汉明月。

雪豹追逐飞奔，苍鹰声唳，峡谷波明灭。岩画千秋存印记，多少缤纷花叶。万物家园，纯真境界，游牧霜风烈。泽分华夏，山川清影千叠。

水调歌头·昂赛大峡谷

钟　宇

峰抵苍穹近，谷似紫渊深。雪山青草流水，崖柏绿森森。唯恐白云寂寞，忽听林中鹤起，声响若鸣金。一片丹霞里，溪瀑戏幽禽。

天然画，人文卷，水山林。雨弦风管，画里画外奏仙音。俯仰三江源上，百壑千山无染，纯净比天琛。每每清风起，吹动我吟襟。

临江仙·咏鄂陵湖与扎陵湖

秦雪梅

宛若蝶儿张彩翅，悠悠化作双湖。千年相望亦相呼。有情胜姊妹，绝代两明珠。

一白一蓝称圣水，人间天上应无。雁鸥点点似音符。乘风逐浪舞，飞入碧云图。

位于黄河源头的鄂陵湖，在碧空下安静而亘古不变

西江月·三江源

龙　佩

拔地俯瞰寰宇，倚天放纵三江。高风厚韵接苍茫，华夏千秋景仰。

滴水犹关家国，寸心时鉴行藏。涓涓热爱汇汤汤，不绝淙淙回响。

静谧而清澈的扎陵湖

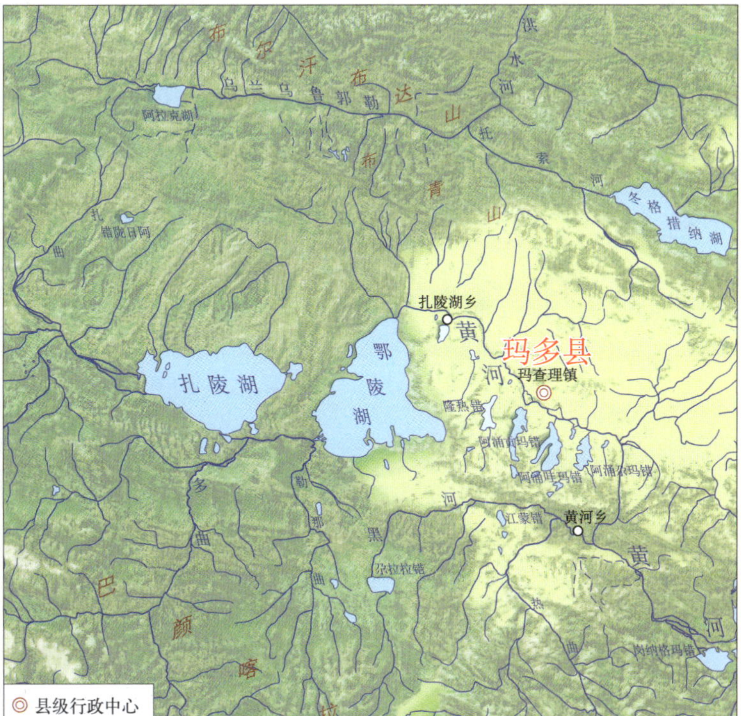

扎陵湖、鄂陵湖所在区域地形图

扫码看立体地图

永遇乐·星子点将台怀古

王发昌

千里关山，云烟苍莽，豪杰何处？漫步长堤，登台掘土，无觅刀戈斧。庐山瀑布，鄱湖雪浪，听问俱归无语。望长空、星藏云散，落霞泯没江渚。

千秋禹甸，曾演多少，动地惊天歌舞。武略文功，煌如熙日，彪炳辉天宇。碧穹深处，斗牛星上，应记昔时风雨。凭何说、人间风物，尽随浪去？

沁园春·咏三江源

钟茂荣

联袂齐肩，并蒂流光，负势竞高。仰神山绵亘，圜围屏障，玉峰巍耸，刺破云霄。造化钟灵，天成毓秀，迤逦昆仑龙脉标。遐思起，叹超凡脱俗，逸俊扬骁。

融消几许琼瑶？但汇聚三江衍碧涛。念源清流洁，母亲乳汁，溪灵飞韵，藏汉歌谣。湖泊星罗，冰川棋布，曼妙朝岚渊镜飘。欢游处，赞文明承载，心境熏陶。

位于青海省格尔木昆仑山口的玉珠峰

沁园春·三江源国家公园感叹

刘照荣

三极凌空，三江顺浪，三界飞虹。淌黄河故事，长江神话；澜沧传记，尧舜行踪。西域方圆，东方圣境，由此悠悠腾巨龙。发祥处、望兽禽踊跃，草木从容。

潮流万里通融，争澎湃、涛声唱大风。唤中华水塔，滋生勇士；炎黄血脉，奋起英雄。并建公园，齐赢盛世，绿透文明韵不穷。高举措、画今朝锦绣，明日巅峰。

水调歌头·可可西里

王天明

一轴原生态，大展接昆仑。千湖如玉，镶嵌其上浣晨昏。映日冰川起伏，恍似瑶台幻化，未改古时纯。秘境罕人迹，画面净无尘。

羚羊跃，牦牛立，野驴奔。自然神韵，可可西里遍留痕。孕育三江浩瀚，润泽九州壮美，母爱向云伸。高洁孰能鉴？明月出乾坤。

藏原羚

野牦牛

藏野驴

沁园春·咏三江之源

吉铁兵

云白天青，野旷歌飞，远隔尘喧。看雪山如玉，冰川似璧；牛羊遍地，豹跃鹰旋。沼润溪清，湖明水澈，林自葳蕤草自鲜。当寻谒、访三江源地，那捧灵泉。

微涓汇作潺湲，淌泻去、似驹奔涌欢。更汇流纳水，劈山排壑；惊涛泻地，一往无前。公主祠旁，晒经石畔，挥手高歌卷急澜。如汁液、哺中华大地，化育尧天。

鹧鸪天·访三江源

黄玉庭

寻访三江夕照寒，苍穹仰望拜神山。常听雪豹巡明月，最喜仙湖倒映天。

云有梦，水同源，一川风雨话流年。母亲河畔凝思远，我把心歌送浪巅。

行香子·咏鄂陵湖

张德新

湖里藏龙，湖上飞鸿。带乡思、蕴藉春风。诗文美誉，今古从容。爱山光静、霞光淡、日光浓。

纤尘不染，丝雨相融。望波粼、澄澈心胸。凝涵上善，品味中庸。正著缤纷、浣情意、映苍穹。

鹧鸪天·咏可可西里世界自然遗产地

张秀娟

风送清幽蕊吐妍，抬头一片瓦蓝天。牛羊缓步寻春草，胜境怡心返自然。

云在侧，绿齐肩，几泓溪水任潺湲。听琴何必播名曲，小鸟殷勤絮絮弹。

鹧鸪天·三江源生态守护者

任家潮

挽住春风草木香，穿行雨雪战冰霜。源清留得三江绿，景胜迎来四海郎。

情洽洽，爱长长，高原雪域去来忙。我将生态常守护，一片初心映藏乡。

鹧鸪天·三江源颂

李成炳

玉裹层峰不染尘，高原腹地四时新。花于冰雪川前舞，草向唐蕃道外匀。

羚浴日，鹤栖云，灵湖圣泽映星辰。和谐百族倾情护，育出中华七彩春。

第三辑

联题三江源

题 三 江 源

周道云

源出三江，流分九派。穿南北、贯西东，织红中国结；
德生万物，福泽千秋。主沉浮、涤清浊，沐美地球村。

题三江源国家公园的建设者、守护者

周继勇

乐作源头守护神，放下牧鞭，巡水巡山还碧绿；
甘当生态传承者，换成工笔，绘春绘梦著丹青。

题三江源

林小然

江河涵绿意，泽出源头，衍来生态银行[1]，与和谐签约[2]；

天地播熏风，春妆国梦，架起文明音响，同发展联欢。

注 ①生态银行：比喻收储、整合生态资源，打造可持续发展路径。
②和谐签约：比喻促进人与自然和谐共生。

题三江源

孟广祥

常怀冰雪情，毓水有三，送其各赴磅礴海；

永抱风云志，挺身无二，看我独撑壮丽天。

题 三 江 源

刘成卓

奇境毓三江，经年以去，最难忘雪域情深，冰川梦老；
源头分万里，亘古而来，从未负神州路远，沧海波遥。

题三江源国家公园

贾雪梅

青藏耸高原，昆仑作塔，玉树为渊，万古冰川沛龙脉；
沧桑还故貌，湖草有家，牛羊得所，千秋大计系江源。

题三江源国家公园

李　健

沃江源以壮根源，雄心擘画，看屋脊铺春，飞来园囿；
护生态要成常态，累世相传，让冰川活水，长惠子孙。

题阿尼玛卿雪山

阿尼玛卿山

杨晓雁

霜凌劲草，雪沃涓流，问仙域钟灵，一脉冰峰谁寄傲？
马鹿追风，藏羚跃野，慨神山毓秀，三千云路雁归春。

题三江源

赵久生

原汁原味原生态，三江水是弦，锦鳞弹绿，引乡愁驻；

大景大观大自然，九宇①云为练，绣羽②舞白，促梦想飞。

注 ①九宇：指高空。②绣羽：指色彩斑斓的鸟。

一条蜿蜒曲折的河流穿越玉树藏族自治州的高山、草原

题 三 江 源

陈寿宗

斯源天意开，万仞雪山，千方湖泊，十分活水；
今日民心照，百年国策，三系园林，一派生机。

题 三 江 源

刘葆华

积之浩瀚，历以沧桑，万古冰心涵上善；
昼夜不辞，源流无尽，三江碧水润中华。

题三江源珍稀野生动物

冯贵明

藏羚读月，雪豹游园，悠然搔首白唇鹿；
神鸟[1]筑巢，金雕亮翅，惬意翔云兀鹫鹰。

注 ①神鸟：指黑颈鹤。

题三江源

吕可夫

大爱无疆，幸万仞雪原，丰泽三江，延吾千古中华脉；
中兴在望，喜五湖春浪，疾催百舸，赖我九州大水源。

题三江源

赵秀敏

万里溯渊源，涤荡胸襟，醉心逢雪豹回眸，苍鹰展翅；

三江如血脉，永泽华夏，寻梦看冰川裹素，碧水澄蓝。

题三江源国家公园

赵继杰

润泽孕三江，望九万里奔腾，生成赤县文明史；

涵容分百派，共五千年砥砺，化作金汤浩荡歌。

题可可西里

马瑞新

蕴生机万古，天眷高原，凭羚角挂云，鹿唇吻月；
隐净土一方，画铺大块[1]，有雪峰烁日，草色融波。

注 ①大块：即大自然。

题三江源

潘一之

上善源泉，三江流远；
中华水塔，万古标高。

题三江源生态守护者

靳兴刚

护雪域三江活水，戴月披星，使命盈怀，担两肩风雨；

开源头一脉生机，描红播绿，初心擎梦，衍千载文明。

题 三 江 源

向 艳

雪豹追风去，牦牛驮福来，此大源头当天下守；

青山自是金，绿水应为玉，唯真智者作古今谋。

题 三 江 源

杨凤翔

圣源注三江，挟昆仑气象，雪域襟怀，浩荡直奔沧海；
厚德滋万物，看百族衍蕃，八荒共鼎①，青葱俱是吾乡。

注 ①百族衍蕃，八荒共鼎：喻指祖国繁荣昌盛，安定统一。

题 三 江 源

张 潞

镇西疆孕一脉清源，东送沧浪，十四亿生灵待哺；
泽大国笃无涯厚德，横陈岁月，五千年风物长春。

题三江源

成小诚

仰一峰雪域其高，凛凛中华，挺拔不输龙脊壮；
汇四海云帆之阔，源源正脉，奔腾自在马蹄轻。

题三江源

邱学华

源头是雪岫冰川，喜草甸青青，幽湖绿绿；
民俗融今风古韵，看锅庄客舞，哈达君披。

赞长江源园区

刘　枫

腾舞巨龙，看八省一区两市，同兴水利长成福；

奔流大海，纵百弯千阻万难，不负初心勇向前。

题三江源

曹鸳姣

湖为蓝宝石，峰乃白冰凌，光怪陆离，点缀第三极界；

亘古及今时，西天至东海，源头注脚，泽滋亿万儿孙。

班德湖位于青海省海西蒙古族藏族自治州格尔木市唐古拉山镇长江源区域，是世界上飞得最高的鸟——斑头雁在青海的主要繁殖地之一

题三江源

李可盛

斯聆水塔，三江浩浩有声诗，风犹颂，鸟犹歌，花犹笑；
我护自然，百代青青无墨画，天更蓝，山更绿，川更清！

题三江源

叶清源

誉中华水塔，文化溯源，三江撑起脊梁骨；
建生态家园，云程发轫，一路延伸流域图。

题杰桑·索南达杰

刘筱倩

昆仑塑一座冰雕，以英雄姿势，生态初心，为藏羚执念；
天地瞻千秋正气，凭血泪壮歌，江源使命，护家国无虞。

题三江源

邓伍生

水路有源头，遥牵大海，屡越崇山，奔流万里情怀壮；
文明追太古，蔚起乡风，长绵国祚，舞动三江岁月稠。

题黄河源

赵瑞刚

问高原岁月，赤子情怀，立足歌时，九曲万里初雷动；
溯正脉源头，黄河气象，回眸望处，两岸千川旭日圆。

题三江源

林为挺

何处根源？三江之上，潋滟清波，亘古长流天汉月；
几时图画？亿载以来，氤氲紫气，至今犹驻藏乡云。

题 三 江 源

雷秀春

高脊凌霄，挽不尽银河，倾作三江滋九域；
莽原叠画，舒无边绿韵，拥来万类共千秋。

题 三 江 源

籍兵山

涓流经万里而成江海，来溯圣源，白首冰心朝太古；
灵脉作三分以润东南，终能大化，生民泽物衍人文。

题 三 江 源

陈湘洪

千秋仗一柱神庥，七星斗转，照长河不息；
九域凭三江气贯，万象霞辉，挟世梦延昌。

题三江源

葛永红

千年呼唤雪原中，何其浩渺，扬蹄鹿绘三江画；

万类霜天生态里，不尽苍茫，挂角羚衔一片云。

题三江源

孔令斌

且于屋脊放眸，喜浪潮激荡，云岚恰壮三江韵；

愿蘸清风运笔，把天地勾描，生态自成七彩图。

题三江源

张项学

孕三江广润心田，融冰雪瀑泉，尽消块垒漫青翠；

居一脊大开眼界，阅山川城邑，长汇清澄入海洋。

题鄂陵湖

吴传峰

黄河追绮梦，过百里鄂陵，更坚斗志；
青海坠金钟，化一湖碧水，犹抱初心。

题长江源

宋存杰

抱冰雪精神，壮丽摩天，示人本色犹高冷；
汇溪流哺育，慈仁滴露，润土无声发瑞祥。

题三江源

马　弘

世界耸屋脊，汇地理奇观，天遗一座自然库；
文明载大川，润中华厚土，水引三江生命源。

第四辑

歌咏三江源

牧人的守望

耿占坤

一

一群黑颈鹤在水面上逆光滑行，珠玉四溅；尔后骤然起飞，翅膀扇起水花和草屑；两枚羽毛乘坐气流上升，又旋转飘落，化为沙洲

流水世界从无声到有声，归于平静

牧羊女人和吟诵诗人的分娩也大体如此

黑暗不是绝对的负面因素，为了让人类看到满天繁星，诸神吹灭了篝火

在寻访者、探险者，以及热衷于命名的人找到你之前，你已经拥有名字和身份

你的名字与牧人认识事物的方式一致

你的声音总是能穿透冬天和冰雪。蜷缩的河边草，被你的指尖轻轻拂过，化作羽毛振振欲飞

僵硬的土地重新变得松软，草甸和山峦随你起伏

你的啼哭与欢笑，给牧人心灵埋下花朵的种子

二

云游者传唱，“曲麻莱，驱马来，进去出不来”

曲麻莱草原在此守望无期，牧人亦陪伴你千年，无须走出去寻求别种意义，更无须任何外来观念的说辞

你生长的家园，是神灵用心打造，它隐秘是因为目力所不及的壮阔，它高贵是由于毫无矫饰的天然

你被诸般爱怜拥抱，以甜美乳水哺养

男人追逐荣耀如同驯服野牦牛，女人经营情感宛若调制酥油茶

人们小心翼翼，在你娇嫩的身旁存放生活和记忆

他们是专注低声祈颂，并且无须解释祷词的人

祭台上，燃烧着油柏的长发和青稞与琥珀的脂肪，青烟芬芳升起，挂满露珠与星辰

飞鹰流霞环绕之下，雪峰大彻大悟，静穆无语，宛如超然坐化的白头高僧

五彩风马漂浮水面，随波传送福音，草原落花无数

牧人伴着流水的节奏载歌载舞

是谁在浑圆的旭日中支起帐房

支起黑牛毛线编织的帐房。从你漩涡里装满一桶涟漪的歌声，再用淡淡炊烟送你一个黎明的微笑

是谁在黄昏脱下长袍

脱下彩虹镶边的氆氇长袍。借你幽凉的手指抚慰柔软肌肤，直到芳香四溢，然后醉眼迷离还你一个睡前故事

是谁用红漆木碗盛满牛奶

盛满漂浮着云朵的新鲜牛奶，口中喃喃念诵祷辞，把礼赞的乳汁洒向你的身体

是谁骑在阳光的马背上歌唱

歌唱五月娇羞的新雪。凝望你水中旋转的莲花，甩开一头发辫，向远方辽阔的牧场诉说忧伤

水韵丰盈而草色俊美

追随有规律的季风，羊群往返于山岭河谷，猞猁狡黠的目光在两岸潜行

牧羊女玉石手镯的叮当声滑入水中，粼粼相思在波光里游，逆流而上

你看见，徘徊在对岸的那匹枣红马驹，已经在某个傍晚突然长大，雄心勃勃；当它终于趁着夜色踏破鹅卵石的沉寂，马背上的骑手瞬间成为勇士

而你佯作懵懂无知，任凭牧羊女一百根发辫，群星一般肆意散开，幸福温柔地流进你的梦乡

可可西里的时间

郭建强

可可西里，蒙古语意为“青色的山梁”，也被称为“美丽的少女”。可可西里位于青海省玉树藏族自治州西部，可以用十六个字来概括可可西里：生命禁区、千湖之地、动物王国、人间净土。

——题记

在深邃的冻土地带

在深邃的冻土地带
在冻土深处，星云保持着原初的形态
旋转，漂浮，却又在每一刻逆时回流
靠近秒钟第一次跳动之前的静寂
黑色的土壤钟摆般坚硬地分娩冰川
众神将醒未醒，留下苏醒前的一帧影像
那时，火焰微弱，却借极寒发育
微亮着给石头文身，给冰块文身
给还没有出生的雪花的六瓣羽翅文身
火焰吐着小小的舌头，祝福必然滴落的第一滴水
也给你和我相遇之前的眼眸，送上清亮的暖意

在深邃的冻土地带
在冻土深处，先是泥炭的黑色
接着是牦牛皮毛的深褐，秋天青稞的金黄
然后是草原的墨绿、青绿、碧绿和浅绿
你知道万物在受孕前已经成为万物
在这将动未动将流未流的空间
其实早已血脉涌动，正如此刻：
高岩上的雪豹从假寐中起身
而成群的藏羚羊如箭疾驰

可可西里地区的藏羚羊

在冰川白色的睡眠里

在冰川白色的睡眠里
你读到世界诞生的伟大倒叙

你先看到大海、江边和平原上的日出
然后是草原、蹄类竞走、羽族炫羽
在白昼，大地和天空以唐卡的明耀给入海的河流着色
夜晚，大海慷慨地把自己的质地同样分赠于众水——
一条条河流就是一道道墨迹，记录着人类简史和万物简史
指向不可言说的静默，指向元音，指向高原
归于冰川，归于柱状、枝状、乳状的塔林
归于保持着唤醒万物之姿的冰舌
归于时间起动之前的暗影和白色的睡眠
归于第一缕风、第一声叹息和亲吻
归于无可阻挡的潮动、爱恋和受孕

在更遥远的时候，波涛摇晃大海
也更猛烈地鼓动岩浆冲天喷涌
海底深处，新大陆从断裂的地盆升高
带着新的讯息，指向天空、指向太阳
而后将自我提纯，从深黑内部推举出冰川

推举出一个甚至大于所有行动的纯净之梦

明亮是最不可言说的神秘
梦境是最高的现实

当有冰川的纯净和慈悲
当有冰川的持守和高耸
当在冰川的白色睡眠里脱颖而出播种新的种子
被冰川滋养的你和我
要在冰川认出自己

在湖水变幻万千的明耀里

在湖水变幻万千的明耀里
你看到了什么

我看到了天空
天空就是一面镜子，藏在湖水里

在湖水变幻万千的明耀里
你看到了什么

我看到了风。旷古的风一页页翻动湖水
循着隐秘的进行曲擦亮现在——此时此刻

在湖水变幻万千的明耀里
你看到了什么

我看到了山峰和山脉。唐古拉山银冠素袍
湖水正穿过雪峰晶彻的骨骼

在湖水变幻万千的明耀里
你看到了什么

我看到了矿石。藏在山体、地下和湖底的矿石
金铁、钼钴、铜石，它们是星星的子嗣，终要回天庭

在湖水变幻万千的明耀里
你看到了什么

我看到了花。极寒之花瓣如嘴唇
青海棘豆蓝紫，尼泊尔黄堇细碎，矮金莲花娇艳

在湖水变幻万千的明耀里
你看到了什么

我看到了你。一滴露珠，一双藏羚羊温驯的眼眸
一片从半空落下的雾气，一个刻写在水波上的名字

在湖水变幻万千的明耀里
你看到了什么

我看到了湖水。当然是湖水，湖水生动
带来梦，带来万有，湖水为此世保留创世的宁静

冬格措纳湖

荒　原

马海铁

我的屋前是荒原
屋后也是荒原
荒原一望无际

经过一个又一个冬天
荒原渐渐苍老
白发挂在蒿草间
我时常把手举在额上
注目荒原
荒原　荒原
你有魂灵吗

报上不断传来春天的消息
接着江河解冻
潮头涌向四面八方
温暖的雪雨过后
我信步踏上荒原
心里充满无限情愫

就在我的屋前
距那块巨石二十步
长出一棵荒原草
它尖尖的叶子碧绿
绿得像海
绿得像天

我跪在荒原上
听见了荒原魂灵的呼唤
它在地底游荡
此刻正向我逼近
我举起双臂
用魂灵迎接魂灵
我的双臂上挂满三角的彩旗
迎着晚风飘拂

青海：高地上的颂辞

杨廷成

塔尔寺的雪

大风吹了一夜
雪自遥远的巴颜喀拉飘来

通往殿堂的石阶上
来自天南地北的人们心生欢喜
每一扇朱漆斑驳的松木大门
在这吉祥的日子为你洞开

诵经声在袅袅的桑烟里
如春水滋润久渴的梦幻
酥油灯生生不息的火焰
点亮因期盼而浑浊的眼睛

转经筒的咿呀之声
伴着雪花在天空中舞蹈
疾风中走过雪地的僧人
是一粒粒点在大地额头的朱砂

匍匐在风雪里的人们
在铜铃的叮当声中挺直腰身
菩提树的雪枝上鸟雀齐鸣
合唱一曲献给春天的赞美诗

我听见所有的人心如止水
我看见所有的佛拈花微笑

雪后的塔尔寺

黄河上的天鹅之舞

是从哪一方天空里
轻轻飘落的几瓣雪花
融化在黄河宽厚的怀抱中

是从哪一片夜幕上
闪电般划过的几颗星辰
在浅冬的暖阳里尽情歌唱

是从哪一夜的苍穹下
撒落在人间的一缕月光
抚慰这大地深处的忧伤

高地上凛冽的寒风
仍旧肆无忌惮地吼叫着
是想阻挡你们飞翔的翅膀吗

你们成群结队地飞来
如一支支离弦的响箭
把最后的冰层瞬间击穿

远处的山岗上
经幡在大风中猎猎飘动
转经筒的律动瞬间响彻峡谷

如痴如醉的群舞翩然而起时
这纯净如大河之水般的灵魂
让尘世间的众生修得一颗柔软的心

你们引颈而歌
苍茫而辽远的青海高地
这天籁之音醉倒从远方归来的人

黄河石

看似柔软的水
却有钢刀般坚利的锋刃
千百年无休止地狂砍猛削
才使圆润的石头棱角凸凹

它们从不招摇于尘世
把自己深藏于波涛汹涌的水底

母亲怀抱般宽阔的河床
把这些兄弟姐妹们搂抱得更紧

它们在时空中猛烈撞击
才磨炼成这斑斓的家族脉络
它们静听大风从河岸上吹过
幻想着自己能有一双飞翔的翅膀

所有的记忆都是苦难的
所有的经历都是悲伤的
当它们终于从河底一跃而出时
一曲绝响，惊愕了世人的目光

在古老的黄河岸边
我听见撒拉族筏子客在说
每一块石头都是生命的奇迹
每一次涛声都是灵魂的叩问

三江源赞歌

孙　梧

与雪域冰川对望

与雪域冰川对望，聆听它们的故事
仿佛世间的轨迹
都在由远而近的滴答声里
成为我眺望故乡的理由

三江源。这个地名就像长久以来
旋转的星河
与慵懒的阳光相伴
把人生一层层叠起，就像叠加在语言上的思考
历史充分回溯
在目光尽头的雪山留下
洁白的英姿

三江源，如图腾刺在我的记忆里
重现朦胧或清晰的鼓声
历代君王就在这鼓声里站起

以一种肃穆的姿势，站在高原之上，凝望雪的辽阔

一块冰、一滴水、一条顺势而下的暗流
在积雪下寻找所有
关于人间的出口。最开始时，是微小和恬静
是无法言喻的光和幽蓝
后来是蕴含着坚硬冰层的乡音，是灵魂里极致的爱

爱是故事的主题，是付出，是汩汩流淌的命运
百转千回的磨难与抗争
在这里奔泻成江河、湖泊
最后汇聚成一个民族的起点：长江、黄河、澜沧江的血脉
在这里小心翼翼地落笔，以无声
胜过千言万语

孤独，是高山兀鹫交给我的命运

霞光初露，高山兀鹫从裸岩上起飞，翱翔
嘶鸣声与光阴重合
悄悄唤醒了高原的身世

翱翔的高山兀鹫

连绵的巴颜喀拉山、阿尼玛卿山
映着灿灿金光，仿若神谕降下
人间祈求的吉祥

雪山峡谷、荒漠草原都是背景
野牦牛、藏野驴、白唇鹿都是画面中的斑点

青藏高原在兀鹫的眼里
如同一滴露水荡漾。它的世界就在露珠上转动
日出在圆润的词语上折射出飞翔的姿势

自由与野性，让路途上所有曲折的事物都显得渺小
险峻的山石甚至比不上一只岩羊
茫茫雪山，幽深山谷，凛冽的悬崖峭壁
都藏匿在它的冷漠外表之下
从来不肯示人

那也是我的外表。是我在迎着风声时
记住的苍茫
我在一次次凝望中
看尽了人间，也看清了一个年代展现出的悠远

高山兀鹫纵横千里，凌空万丈
它的孤傲，也是我的。它已经活成了高原的魂
那么我呢？

每次看到高山兀鹫翱翔，我的内心都在接受洗礼
都在接受雪和太阳的拥抱
陡崖与裂谷，草地与冰峰之间
似乎有无边的云在浮动

在原野的合唱中，我只是追溯
江河的源头
就已经用去了所有的前世
我像一个从星空回归泥土的孩子，默不出声
但是拿起笔，便可写出这片大地上，埋藏千年的等待

每一滴水的梦想，都是宽广的修辞

从约古宗列盆地流出的清水
在我的生命中盘旋。哪怕它只是微微映出
宇宙的秘密，我也一定会带着巴颜喀拉山的嘱托
顺着高原而下，辗转于中原大地

水的修辞，无论来自扎曲、当曲
还是来自卡日曲
都是孕育平原和山岭的圣名。世代耕种的百姓
带着一路泥沙，奔向古老书籍里的乐土
而通天河是命运的第一关
河水的秘密，把雪山与冰峰一层层剥开
露出无垠的草地

河水的谜语需要蓝天白云，依次给出答案
自然赋予生命的野性
一路坦坦荡荡，融入历史的烟云
恰如从唐古拉山岩石中流出的清澈
把人世中一切险滩、深谷
都刻在心里，泼洒成宣纸上深远的笔墨

河水一路向南。故乡与异乡的背景便融为一体
以至于河网纵横交错
我能记住的景色，却仅止于年少时
父亲带我去过的地方

在三江源，水的名字里既含有黄河的倔强

长江的洒脱，也含有澜沧江的惊险
和用纯正方言说出的乡愁
——每一滴水在这里，都有共同的祖先，共同的姓氏
每一滴水在这里，都满怀着希望
走过蛮荒，抵达沃野

我写到这样一滴水，就写到了生生不息的中国
曲折坎坷，豁达包容
自由自在，让万物获得新生

江源之歌

罗鹿鸣

晴空下的高原

光明的潮水
在云海里奔腾
无际的天空
辽阔、澄澈而透明
瓦蓝瓦蓝的深处
伫立着善的真神
还有正义的使者
赋予崇山峻岭
肃穆、神圣与光荣
让千千万万的窗口探出望眼欲穿的眼睛
还有爱，徜徉在
人间天堂，驻跸在
动物、植物和万物的
帐房，炊烟袅袅
或尘土飞扬，山重水复
或天崩地裂，只要有爱
就没有死亡，没有毁灭

奔走相告的风马
涌现出无穷，与苍茫

扎 陵 湖

越野车在搓板路上喊疼
像一对正在闹别扭的恋人
银河上也没有这么多坑坑洼洼
鹰的道路也没有如此难行
鹰架招致鹰的宠幸
斑头雁将满湖碧波搅动不宁
黄河牵手扎陵湖与鄂陵湖
牛头碑见证着地老天荒的爱情

黄 河 源 头

巴颜喀拉山像一头巨型的雪豹
而约古宗列也长得虎背熊腰
它的嘴很小，吐一口雪泉
就吐出了一条万里长的黄河

星空下的黄河源头牛头碑

黄河源头最缺乏的是波浪
咕噜咕噜的声音像极了高原林蛙叫唤
黄河中游下游最不缺乏的也是波浪
从下游的浊浪里摘取一叶白帆
从中游的古战场拾起一把锈剑
从上游的碧波里捋下一片白云
唐诗宋词便有了浪漫、苦难与质地

黄河源头的草甸很软，适合跪下叩拜
掬一捧水喝下去，就会天高地阔，星斗满怀
黄河源头的水细得像一根轻薄的绸带
没有人会想到竟能长出千帆蔽日的雄心

三江源：梦幻或表达

陆　承

一

一粒水珠
源于苍穹，或大海，此刻，
她源于三条江的深邃和辽阔，
于多重而深蓝的底蕴上，架构璀璨和唯美，
以及那从未远离高原的羽翼和足迹。

我管窥，或仰望一粒粒水珠的运转和沉寂，
以长江、黄河和澜沧江之名，
串缀丝绸或瓷器。湖中，庭院耸立，
王者与我，或我与红颜，倚栏而坐，
茶酒若干，明月二两，以及那尚未颓败的潮汐，
以巨型的蓝，或神意的装帧，
恪守了一面面湖的底蕴和风华。

我遐思，或抒怀，湖底，殿堂静默，
以另一种意义的绚烂，折叠了
写与远方的信札，以尊崇或世俗的镜头，

影像了一帧惊叹回旋的境界。

二

一朵浪花，
萌于菩提，或春心，于一道道辽阔的水光里
生出雅致或圣洁。

一朵朵浪花，自如或混沌，以写意的格调
接近象征，以山水的笔触勾勒花鸟，
以一朵花的形态和结构，赋言了雪山、冰川的康庄和神秘。

何曾有这样一种花，无蕊无果，无根无叶，
却漫卷了青海大地的情致和水墨，
于昆仑山的意念里，飞旋而去，铺陈了所有的梦幻，
或承载了春秋的变迁，以及纯于思想的凝练。

一朵浪花，蕴藏了生活的品味，抑或生命的
苦涩和欢愉，于三江源的肉身上
探寻极乐或神秘，以及那氤氲于视域的圣洁之锦，
饱含了时令的耕耘，或灵魂的战栗。

那丰沛的蕴藏，以舞者的身份，
正告了闪耀和品质。

三

一面明镜，抑或一匹匹湖水
映照了芦苇，以及芦苇中的飞鸟，
那轻轻掠过的舞姿，
以飞天的比照，涅槃了一梦，或尊崇的庙堂。

我目睹，或观澜倒映的美学，
或巨大的列阵，以苍茫、臻美、宁雅和圣洁
交汇的幕布，保藏了虔诚之灯，
或尘世里不可逆转的涌动和修行。

俯瞰里，一面湖，秀美如少女，赋予了羞涩和拙雅，
一面镜子，温润如妇人，显像了丰姿和魅惑。

古典的辞典，一页页打开，
明镜之湖，徐徐摇曳，或于一叶虚构主义的小舟上，
述说一面面湖亘古的命运和雅颂。

三江源，神性之美与浩瀚的经卷

王泳冰

鄂陵湖，一滴巨大的蓝

世界消隐，微凉的风
吹动鄂陵湖的沉静，一股粼粼的蓝光
自幽谧的巢穴
涌进我惊慌的身体，让我来不及
掩盖沉积的暗斑、阴影和羞愧

鄂陵湖边，我只能是一棵倒伏的牧草
一个离弃了人间，把自己
交给神的信徒。这滴巨大而纯粹的蓝
带着高贵的母性与圣洁
一点点擦拭我惊颤的灵魂

仿佛圣音正在送达——
那些雁雀、鸥鸟，口衔天籁
将一曲绝美的高旷之乐，贴在鄂陵湖
纯净的蓝上，天地间回响着
空渺、孤绝的诵唱

挪动不了无边的敬仰
当心灵被这滴蓝洗净，像轻盈的水汽
飞升，我知道鄂陵湖
就是一匹柔软、纯滑的丝绸
它擦去了许多人的黑夜
现在，它来拯救我沉重的俗身

群山环抱的鄂陵湖宛如蓝宝石

牛头碑前，倒出一世的沧桑

巴颜喀拉山，宛如人间的额头
洁白、神圣的雪，闪烁着逼人的光
绿色如茵的草原上
牛羊像散落的诗句，唱诵出
黄河源头的壮美与安恬

经幡，在苍茫天地
舞动神示的召唤
而牛头碑尖利的角，戳破了
历史风尘，将一个民族博大的渊源和精神
挑出来，摊在神性的土地上

到了这儿，我是渺小的一滴水
投入扎陵湖的怀抱，是找到了生命柔软的根
再也不害怕在人世流浪
人迹罕至的巴颜郎玛山啊，多像我心中
高远而温暖的故土

不说过往与悲伤了——
在雄浑的牛头碑前，矫情的沧桑
多么苍白、无力，不值一提
我只能将它倒空，再以一颗敬畏之心
慢慢领受黄河源的流长、壮阔
和宽慈、柔韧的爱

世界上最美丽的地方

甘建华

三江源十三行

六月末梢，昨夜落下的大雪
晨光中灼痛了眼睛，若不是
秃鹫划过天际，亘古洪荒
好似从未有人来过，恐怖的
青海长云，正自莽昆仑
直立着移动过来，藏羚羊
与野牦牛，静默地对视
最早的藏地探险家，正穿越
这世界上最美丽的地方
囊中糌粑、砖茶，充饥的羊肉
遍地硝盐，雄驼恣意一个响鼻
而始终不断的瘴气，遮掩着
几只藏棕熊，危险的时刻来临了！

藏 羚 羊

蓦然间，它们尥蹶子狂奔几千米
骤停于越野车前头，公然向人示威

楚玛尔河，颇像树叶一样的红河
藏羚羊，天地间的马拉松健将

矫健雄壮的体魄，乌黑发亮的长角
匀称的四肢，生命力极其顽强的精灵

一队一队，从荒野深处赴旷古盛会
飞溅的尘沙，遮不住猛士高昂的头颅

生来就是为了打败人类，雪域高原
桀骜不驯的国宝，威风凛凛的王者啊！

夜宿牦牛河

河流在这儿拐了一个弯
它在我的左侧

但听不到流水的声音

夕照里，有猞猁鬼头鬼脑探首
一只瘸狼，发力追逐藏原羚
孤雁的哀声掠过天际
几只野牦牛正翻山越岭
它们在今夜，都找不到回家的路

三万里星空之外
忽有流星雨
报道人间的最新消息

猞猁

三江源册页，朴素修辞诗意的抒写

李朝晖

三江源册页，朴素修辞诗意的抒写

是人间福祉，每一滴水都被时光盥洗
百转千回的优雅和端庄
蓝天、白云、雪峰、河流渲染这尘世的辽阔
煨暖三江源的风物志，为诗意留白，等待我更为虔诚的仰望

时间安详，空间安详，素朴的命理汇聚典籍
我写到长江、黄河、澜沧江
卷轴的画外音以蔚蓝提纯一场热爱
漫在笔墨纸间的诗画，打开草木之心
唐古拉举起神明的光泽，塑造中华水塔的魂魄
更深的隐喻自星宿海、扎陵湖、鄂陵湖、星星海抽出光亮
与前世今生相认，抵达格律诗的平仄和韵脚
经幡、哈达、嘛呢装帧，草木、飞禽、走兽压轴
守望宁静与质朴，流转的传说和神话袒露深邃

依附情境生长出我的抒情，倾听草尖上的清音

说出藏羚、雪豹、岩羊、藏原羚、艾鼬、沙狐、斑头雁、赤麻鸭

情怀以自然生态的词根，捕获更多细节

安静的浩荡，捧出一卷圣洁，粗犷、豁达、奔放我的想象

三江源，抒情与咏叹

神明抚摸三江源大地，聆听远古的呼吸

我与一株青稞握手，与一头牦牛谈论蔚蓝的纯粹，想象辽阔

前世的相约，今世的相遇，时间褪去神秘

视线的虔诚接受一盏不灭酥油灯的指引

这是来自三江源的信仰，卑微与高贵的平等雕琢诗意

结古寺、夏日乎寺前躬身，诵读经文

转经道上转动经筒，默念真言

红墙、白塔、彩幡、金顶，绛红袈裟的喇嘛，蓝天下的祥和与安宁

一粒阳光静谧，让我肃然起敬

写意阿尼玛卿雪山、各拉丹冬峰、雅拉达泽峰

写意通天河、雅砻江、当曲、卡日曲、孜曲

草原、湿地、沼泽，羊群、牛群，深邃与纯净
一枚动词吹落尘埃，整理音符，透过时光替代星辰
更形象的表述，在壁画，在唐卡，在酥油花里为我赐福吉祥
每一块嘛呢石都是六字真言的念诵，不能清除的胎记

骑一匹格吉马，喝一碗奶茶，诗意扩张，与碧草共舞
谁人来节制修辞，鸟鸣适时清脆
与想象对称，收拢梵音涜洗红尘烦忧，形而上的美学彰显喟叹
领略千古风情，点线面互补，裹挟隐喻或进或退
从不缺少色彩，一草一木一山一水的传说
彩霞满天，又是谁人的嫁衣？
牵念几重，衍生抒情，一封情书隐身草木山水之间等待爱恋
笔墨纸砚陪伴风语，见证三江源的从容

三江源，诗意的美篇

程东斌

一

水音代替腹语，在青藏高原的腹地
盘桓、低吟
一滴水珠装下雪山，时光的镜像就有迹可循
一滴水珠析出的生态疆域
其慈悲的辽阔可接壤海阔天空
黄河、长江、澜沧江最初的家园、乡愁的旧址
谁在守望？谁在繁衍？裸露的骨血
在生命的滥觞中痛心疾首
脱下冰雪的铠甲
与挑开结痂的伤疤，有一样的痛，也有
不一样的呐喊

二

三江，谁是巨龙，谁是脐带
谁又是温顺的绸缎？在冲出雄浑苍茫的子宫后

带着各自的啼哭，奔跑
将啼哭度成涛声、欢笑或龙吟
必须在漫长的苦旅中，将亘古的润泽
与哺育，进行到底
黄河的黄，只因源头赐予它黄金
黄金裹挟在泥沙里，取出黄金，也会将泥沙
淘洗成金
长江的长，长在一根脐带的悲悯，脐带
充满月光和血浆，孕育的源泉会泛起涛声
远嫁的澜沧江，对于陪嫁的嫁妆
三缄其口。将家训焐热，将刻在白雪上的真言熟记
走到哪，家园都如影随形

三

三江源的神祇从未远离，骑在雪山的白马上
望着三江冲决而去
说是挥动鞭子，不如说是放逐母亲的脉管
挥鞭子，就有受刑的土地
放逐脉管，神州版图的舆情
会落定在源头的呼吸里。三江泛起狂澜

三江源会落下眼泪

三江源低低哭泣，三江会跟着痛哭

并转过身来，抚慰

逆流而上的星光、籽粒和人群，在三江源聚集

星光落户草甸，每一根草叶都会发光

籽粒扑入湿地，肺叶的翕动，就可捕捉

人的脚印和珍禽异兽的足印

叠加在一起，三江源的历史就会点校出

诗情画意的美篇

白雪皑皑的唐古拉山口

四

通天河滋养的星星，嵌入一座石碑
熠熠闪光的字粒，昭告了大江大河的雄心
冰塔林的水晶峰峦，析出阳光的色彩
泼墨三江源的画卷
卡日曲和约古宗列盆地
已为湖泊、溪水，赐予诗意的名字
群果扎西滩中，神祇还在采撷小溪的水珠
编制珍珠项链
雪山、白云和飞鸟的倒影，从沱沱河、扎曲
通天河、卡日曲，慢慢游移到三江
流淌或反哺间
交换了远方的诗意和源头的骨血

通天河

澜沧江神曲

赵文家

一

澜沧江，你的品牌不仅是中国西南最大的江河
而且你是多文化的合奏，是各种身份的混合体
你是来自雪域高原的一部神话
是伟大祖国最美最有动感的乐章。我自遥远异地来拜访你

二

澜沧江，你是一位桀骜不驯的野小子
翻山越岭，像顽皮的孙悟空在众神面前显示神功
闹腾声音巨大，雪山峻峰都被你震得瑟瑟发抖
把千万年积蓄的狮鸣，化为冲天的蓝色巨浪
播出与汉王刘邦的《大风歌》一样闻名的神曲
你风风火火闯九州，仿佛替天行道的梁山好汉
去征服一座又一座山头，一群又一群鸟兽
使一向群魔乱舞的金三角龟缩于森林窠臼
你的性子刚烈，有东方大侠的神威

也是形成中华民族傲骨的钢铁烈焰
你激流直下，一泻千里，突兀着一个民族的豪情
你用十万丈的冲击力，把这条“百万大象繁衍的河流”
书写成一个多民族的图腾。你把千万钧的当量
深藏在高原峡谷聚集着势能
原始颓废腐朽的势力在你面前瞬间化为乌有
我高歌着你一往无前的力量，赞美着你势不可当的气概
把居高临下雄视天下的魂魄囊括为一条江的庄严
不论什么样的地狱魔窟还是流沙河、火焰山
抑或虎跳石，都挡不住你奔向远方的劲蹄

三

澜沧江，你也是一位美若天仙的淑女
在经历了青海、西藏的一路颠簸
在云南游走一段路程后，你变得端庄、文静
你把西双版纳哺育成人间天堂
把蝴蝶谷喂养成生命的伊甸园
在这里，亚热带常绿季风阔叶林舒展着千双手臂，舞蹈
各种美妙神奇的物种，描绘出大自然的天然杰作
高大的望天树、聚果榕，是你慰问蓝天的手指

屋脊一般的板根里寄托着游子虔诚的视域
你静卧山间峡谷，谛听着高山兀鹫高飞的音频
好像在检阅你长期训练的物语
岸上的树木爬到山顶与长风对决着汉赋
房顶上的缕缕炊烟钻入云彩的屋里述说喜讯
层层叠叠的瓦寨绕山环江，夜间聆听着你弹奏琴弦
穿戴着五颜六色民族服饰的少女，把你作为镜子
就着初升的旭日把青春絮语梳洗在江里

四

我跋山涉水去读你
读你这辽阔大地奏出的大吕
我历尽艰辛地去破译你
破译你身上隐藏的多重密码

三江源，用生态构筑的美与辽阔

何军雄

一

适宜耕种乡愁。三江源国家公园的隐喻或白描
在中华的诗海里肆意延伸，朝着祖国的版图
日夜奔腾，缔造不朽的人文史册和大美无边
叠加于时光之上的暗影，被一个路人重新捡拾
浏览过尘世的十万风情画卷，唯有在三江源
国家公园的内心深处起伏不定，犹如思乡情怀
镌刻游子眷念，飞奔在母亲博大的胸襟与怀抱

彻夜难眠。三江源国家公园生态的叙述手法
为绿色架起一座时代的脊梁，尘世的美与辽阔
都在四季的变换中崛起，构筑丰功伟绩的疆土
引领雅致，和着春天的韵律一同勾勒出足音
人间有多少繁华和锦绣，三江源国家公园就有
多少风华与激情。谱写一曲生命的赞歌和音韵
兴盛于草木和白云，簇拥着无数的斑斓盛景

二

在三江源国家公园，美学与诗学的完美演绎
无不彰显一部时代的璀璨卷轴，为其挥毫泼墨
临摹出绝世的风情，三江源国家公园的美誉
从山野中弥漫，犹如春日的芦苇荡在风中摇曳
心灵得以平静和舒展，内心的豁达油然而生
在一处美景中，打通了久违的决口以及刻写了座右铭

诠释生态，用三江源国家公园十万草木做道具
在一座纯天然的屏障里养精蓄锐，滋养灵魂
为祖国的壮丽增添色彩。隐约于人间的词牌名
用素笔轻描淡写，狂乱的章法，惊扰了云朵
三江源国家公园的血脉里，流淌着千年的绿意
秉承中华的能量，以生态公园的标榜伫立尘世
在美学构筑的宝典里，孕育着远古的文明

家　园

阿夏永红

山水路玉树

山之宗的昆仑山
这里是文明的源头
巍然屹立俯瞰大地
你在那雪的世界
谱写着远古诗篇

水之初的三江源
这里是生命的源头
守护着万物生灵
你在那水的世界
孕育着绿色摇篮

路之冲的唐蕃古道
这里是友谊的源头
绵延千里之外
你在那爱的世界
诉说永恒情缘

玉树在我梦里
在梦里遇见你
玉树在我心里
在心里依恋你
玉树我的故乡
美丽的雪域家园
一曲颂歌献给你
祝愿你吉祥如意

航拍玉树市夜景风光

三江源国家公园

耸立的云霄
空茫的境界
未知的所在
极地的高原
无尽的变幻
在世界上最温和的山脉之间
生命盎然绽放
历经重重磨砺
那些非凡的生灵与卓越的人们
在地球之巅
成就了我们的国家公园

世界第一等

——致青海省海拔最高的小学

昂闹村小学

昂闹村小学
听说你很远
但你离澜沧江母亲河源头最近
昂闹村小学

听说你很高
但你沐浴着太阳最热烈的拥抱
昂闹村小学
听说你很小
但你拥有着草原最宽广的胸怀
澜沧江源是你的生命
东升的旭日是你的伙伴
牧人的帐篷是你温暖的家
你播种了希望
让牧人的孩子们
依靠自己的双手
获得有尊严的未来
你是世界第一等
既有令人仰望的高度
也有令人感动的情怀
你的肩上承担着
海拔最高的理想之园
展示着世间独一无二的风采

青铜峡交响

燕　超

黄河东流，无意间遗失尘沙混浊
九曲咆哮，浪花淘空金沙千万粒厚重

青铜峡市。一座城市胸怀的辽阔与美好
一面天然铜镜倒映，一粒“塞上明珠”是最完美的注解
牛首　峡口　激流　号子，被船夫的船桨声震碎成漫天云翳
秦渠　汉渠　大清渠，引黄灌溉渠道以古老的方式奔流体内
山川　河流　沃野　人家，青铜峡拦河大坝喂肥人间烟火
黄河楼　董府，披拂历史烟尘亘古守望萧萧嘶鸣
马蹄声脆踏破晓风残月　长烟落日，乃至更远的喧嚣与繁华

迁徙的候鸟不会迷途，万水千山穿越的啼鸣喷火
应和黄河水绵延游走，鸟岛飞翔成词章两阕
一尾远古的黄河鲤鱼吐着泡沫，寻找壮美的桃花汛
金沙湾摆动青衣的水袖，比十万里春风先期抵达
险峻的峡谷升起太阳，永远超越头颅的高度

宁夏回族自治区青铜峡市黄河楼景区风光

身着粗布衫的农人，犁铧翻动稻谷的清香
舔舐炊烟，怀抱中盛放柴米油盐酱醋茶的心事
吹唢呐的民间艺人，把黄河故事低腔讲述　高腔喷出

漫溯黄河滩荒废的渡口，十万芦花响奏萧瑟笛音
随意拾捡破碎的陶片，一片片修补万物残缺的流年
老乡们的大海碗盛满五谷，小杯盏流溢酒香
一百零八塔审视过客依稀的容颜，品读岁月窖藏的苍凉
江山多娇，君王披拂三千里锦绣
贺兰山北岔口明长城拱卫，头枕阑珊灯火安然入梦

一条大河最终的走向，决定一座城市内心的温度
大禹文化园，捧出一卷永不泛黄的史册
刻刀下的光阴，见证大河和她的儿女的抗争和奋起
烽烟中岿然挺立，是一个民族英勇不屈的脊梁
中华黄河坛，浮雕　史诗演奏雄浑的交响
走啊走，一座城市的掌心纹理无法走出
那是一个民族，九百六十多万平方千米细微而辽阔的一部分
母亲的额头褶皱起伏，隐藏黄土地风雨曲线　文明密码

翻阅黄河上游的前世今生，流连边塞的风情万种
一个人明白自己是黄河的儿女，所有的沉思　感恩　回报
不是生活可有可无的点缀，是消融在山水画卷的乡愁
奔腾不息的青铜之峡，抬高了一座城市的高度
我在四季的轮回里行走，陪伴家人走向白发苍颜
黄河东流而去，把我带向更加遥远的地方

三江之源　华夏丰盈的母乳

索昂江才

这是一片山环水绕的圣洁净土
冰雪凝铸，群峰竞秀
远远的长江水从这里浩然奔流
成为神州万里一幅气势恢宏的画卷
一条横亘千古的巨龙
那一层潋过一层的涛声
是远古的谶语，是神性的呼唤
绽溢着千载亘流涵育生命的母体基因
坚挺起一个民族如山的脊梁
那银雕玉砌的冰川祖源
日月经天，亘古不竭
流淌着源源不绝的精神血脉
将五千年历史与文明汇成庞大的中华水塔

这是一块温润叠翠的祥和宝地
江河云集，湖泊莹澈
高高的黄河水从这里涓滴远流
成为中华大地一部浩瀚流动的诗篇
一首经久不衰的歌谣

那一浪翻过一浪的节拍
是雪山的细语，是母亲的心声
倾诉着古道丝路沉寂千年的悠远历史
高奏起九曲十八弯的铿锵乐章
那永不断流的金色乳液
滋育华夏，血脉相连
浩荡着万古不朽的中华精魂
将滚烫的信仰和不屈的气节刻进永恒的史册

这是一方千年流韵的五彩高地
瑞气氤氲，传说神趣
滔滔的澜沧江从这里孕育成河
成为沿岸福地一股生命相系的甘甜乳源
一条传递祝福的圣洁哈达
那一曲亮过一曲的天籁
是河源的礼赞，是生态的讴歌
滋濡着澜湄文化一脉同根的万里沃腴
回荡起冰骨雪魂的万吨激情
那一路涵灌的不绝清流
澹宕舒缓，润泽万物
涌动着旷世不羁的野性与富足
将祖先谦卑和率真的天性叩响不泯的神曲

致黄河

朝　颜

我应该乘一只羊皮筏子靠近你
这是最好的季节，你的怀抱结满玫瑰
百合尚含娇羞，我怀揣的忐忑
多么像一只小野鸭在春天里试探水温
该如何喊出你的名字，我已准备好一千个昵称
上河、九河、大河、母亲河……
每喊一次，都有涛声阵阵从心上穿过

在滚滚浊浪中漂流，每一次心跳
都有鼓声擂动，都像涅槃重生
水在我的身边，水在我的眼前
水无边无际弥漫的样子，就是你啊
黄河。一条浩瀚的河
一条亿万年从不曾停止流动的河
水终将淹没我，覆盖我，就像你的爱
就像你的胸怀，终将拥抱人间的生和死

我来，不仅仅为寻找爱和归宿，还有母亲和来路
我将找到最初的乳母，找到血管里清晰的脉络

在生命的源头，以仰视的方式
端详那一张无比慈爱的面容。哦
你是华夏的母亲，更是世间万物的母亲

流水像时间一样穿过山峦
时间像风一样穿过我，穿过万里的相思
这时候，我多么想做一尾鱼
在这里停下来，停泊一生。而你却催动了奔腾的脚步
一条河的历史是中国的，也是世界的
你说：奔腾即是永恒——

黄河辫状水系

蓝，抑或梦幻

陈于晓

扎陵湖、鄂陵湖、库赛湖、
可可西里湖、乌兰乌拉湖……
我以为蓝是所有湖水的灵魂
浅蓝、深蓝、蔚蓝、湛蓝、瓦蓝、
锃蓝、灰蓝、幽蓝、暗蓝、墨蓝……
这铺天盖地的蓝，层层叠叠的蓝
参参差差的蓝，澎湃浩瀚的蓝……
将三江源，演绎成巨大的梦幻

当我说出星星海的时候
那些饱满的星宿，便从空中掉了下来
被叫了“星星海”，这些蓝
时而被聚集，时而被稀释
如同梦幻，时而被深入，时而被浅出
有谁，能够枕着三江源入梦呢
在那一场酣畅淋漓之中
借风声作鼾声，滤净了那一分凉
便只剩下一分暖，浸润着体温

所有的蓝，都将是轻盈的

如同梦幻，像蓝天一样地轻盈着

直到被那些生灵，比如野牦牛、藏原羚、

岩羊、雪豹……触破这蓝的澄澈

三江源的蓝呵，在指间

滴答成了苍茫或者悠悠的日月星空

航拍星星海

寻梦三江源

严雅楠

游走在色彩斑斓的墨画里
唯独眼睛被迷失方向
呼吸跌宕着高低起伏的峰峦
阳光不时私藏身后的泉音

高原——
此时温婉的身躯
隐入淡绿的丛林
羞赧地张望天籁的变幻
这壮美的组合恰似少女的笑靥
久久引领着脚步持续的覆盖

走走停停。鸟语伴着自然之乐
无限制地散开
穿透闹市浸染的脾胃
心灵的台阶上流泻着
夜晚的光焰。深秋的露水
以及蛇一样的缠绵

就这样醉在你的怀里
忘情那只蝶的蹁跹
匆匆招呼云卷云舒
惬意渗入每一寸肌肤

已被彻底涤荡的心魂
无法在镜框里定格
或许这种缺失已是饱满

着一身仙女的裙裾
悬崖上的圆柏葱茏脑海的荒芜
万籁俱寂的全程旅行
飘飞蜿蜒晶莹的山涧水花

一切的动与静　高歌与低诉
共同擎起全部的感观
细节之外的精灵轮回千秋
绚烂生命边缘的狂野粗俗

是什么在你梦中奔涌
瞬间酥松乡村的疼痛
岁月的琴键上

一串串动人心弦的音符
暗自勾勒绽放的舞蹈

寻找亲切的方言，久违的呼唤
绝美的诗行，远逝的青春
都不及澜沧江朴实的震撼

在丰收的臂弯和阳光私语
渐次湮没蠢蠢欲动的情愫
呵！若非是纵横交错的颜色
装缀天地的空白？

群山静谧。鹰带着我的飞翔徜徉田园
徐霞客的双耳
正在聆听十月妙曼的渔歌

在唐古拉山口聆听山神的歌唱（外一首）

韩东林

唐古拉山口

在唐古拉山口　风声一定是纯粹的
没有尘世的味道
走近唐古拉　就走进了真正晶莹剔透的世界
这站在高原之上的巨人
主宰着三条大江的走向　给生命以泉源
让三江源的呼吸　鲜活成绿色的经脉
仿佛是最原始的诗人
在千寻的中华大地　耕植一位歌者不懈的追求

我相信　在巴斯康根峰的峰顶
一定会有苍鹰飞过或栖息的痕迹
昭示灵魂的不朽
那些呼啸而去的江水和激浪　只留下眷恋
便承载着大自然最纯美的文字与诗行　奔向远方
被寻梦的民族
庄严地书写在　遍布中华九域的版图之上
构成一个东方灿烂辉煌的——龙脉之乡

在唐古拉山口　我会聆听到山神的歌唱
冰川肃穆而立　牛羊钟情于神祇的草场
而我　钟情于冰雪的圣洁
仿佛用目光　扫描内心最初始的部分
是不是　能和唐古拉最美丽的景色相互融合
让山神的歌声　洗沐每一位拜访者的灵犀
仿佛　就成为征服命运的唐古拉勇士
获得了这枚　英雄才可以悬挂的勋章

唐古拉山的主峰——各拉丹冬

雪峰　开成唐古拉最美的莲花

神圣的唐古拉　是无数膜拜者虔诚的走向
如果倾听　就会有迁徙的足音
在漫长的唐蕃古道　不间断地回响
我相信　每一位膜拜者的心灵
都承载苦难或艰辛的命运之重
也携带着远方　被牵念紧握的最真挚的祝福
每一次的行走　都是一部史诗的续写
每一次的拜访　都是一幅画卷的更迭

在唐古拉山口　我无意去寻找
文成公主留下的莲花座
我相信　它已经幻化成神圣的密语
庇佑着一个民族的幸福和安宁
而唐古拉山脉的每一座山峰
都是盛开在唐古拉最美的洁白的莲花
镇风驱雪　开辟出一条通往天堂的路
让文成公主每一次深情的回眸
都成为汉藏和睦构建平安记忆的传奇

在唐古拉山口　我也无意去探索

成吉思汗的大军
是怎样　望山兴叹　败退而归的根由
我相信　唐古拉的灵性足以让我景仰
美丽的莲花　足以让战争和残杀在这里止步
这高原所有的草场　只喂养和平的生灵
这丰富的中华水塔　只滋润幸福的春天
因为　圣洁的白莲花是唐古拉不朽的图腾

长 江 源

侯之涛

摩天滴露，润土发祥。雪花凝润，云朵溢香
那昆仑和唐古拉的臂膀里，是灵魂的牧场
雪峰草地，蓝天白云坦诚热恋，绝版的美丽
注入生命、自然、辽阔和爱

沱沱河、当曲、楚玛尔河，聚拢岁月的锦绣
璀璨晶莹着时光的修辞，净澈着灵魂的底色
一缕风，布道人间，天地尽是匍匐虔诚的信徒
一滴水，恩泽上善，根脉激荡着龙族的初心
一米光，点亮生命，逐梦的烈焰燃烧心空

那巍峨峻峭的山峦伸进阳光的裂缝，抬高天空和鸟鸣
那净澈碧透的江河容纳苍穹的辽阔，逍遥蓝天和白云
长江源，蓄满圣水和光的天坛，静若处子
经幡坦荡，普度着每一粒泥土的俗身，都藏着《诗经》的风雅

三江源锅庄

田青霞

离天最近的地方
星跃篝火亮

源头活水跳锅庄
沾满雪域清香

晚风里纵情弹唱
夜色下舞动豪放
唤醒唐古拉亘古寂寞
宣讲江河最宏远声音

青稞酒的力量
草原的芬芳
无须向沧桑申辩
无须与光阴亮剑

弦如清流　清流如弦
舞如清流　清流如舞
肉体和灵魂抱紧

穿越可可西里古原
一路奔涌着　浸漫着
叙说着文明的变迁

旋舞在星星海之旁
万物是旷野的辉煌
经幡一次次传唱
生命是天籁的荣光

格桑花盛开的三江
荡漾着海拔最高最炫的锅庄
仰天　是无边
一笑　唯浩瀚
天蓝雪白草绿
愿那
传扬亘古永世不变

跳一回三江源锅庄
游子梦回故乡

每一滴江水都是奔腾在我姓氏里的自豪

江　颖

世界屋脊竭尽全力，托举着太阳，也将
一滴血、一滴汗、一滴乳汁
蜿蜒成三条白色的哈达
流过母亲的臂弯，父亲的胸膛
诉说着离天空最近的古老传说

从青藏高原神秘壮阔的沃野冰川出发
涓涓细流光芒呼啸
长江、黄河、澜沧江，东方巨龙三江同源
与日月同辉，亲如手足，激情澎湃岁月交响
血脉里凝结顽强不屈的中华精神
征程中滋养璀璨绚丽的华夏文明

垭口的经幡和玛尼石护佑着远方
转经筒流转绵长的祈愿
三江源的月色如此迷人
格桑花在峡谷中静静地开放
雪莲轻吟往事如歌

雪豹、藏羚羊和春风一起奔跑
阳关的边鼓，催人奋进
我掬起的每一滴江水
都是奔腾在我姓氏里的自豪

在三江源的星空下
风徐徐吹，牧歌悠扬
我沉沉地睡去，如同
枕在母亲的怀抱
与下一个初夏钟情遥望

怀念三江源头的珠姆

郭占雄

那是一个特殊的岁月
我在三江源头
风雨里奋战了三年
抗震救灾　重建家园
一个美丽的仙鹤
新的玉树
从云端坐落在三江源头

于是
在三江清流的碧绿草地上
激情的歌舞热烈奔放
红袖飘得很长很长
用牦牛肉汁抚育的康巴人
头顶上的红缨飞起来了
似奔驰的骏马，似雨后的彩虹
以鹰的姿势
宣示腾飞的愿望不再落伍
震撼的让人们久久不忍离去

那迎风摇曳的格桑花
最惹七月的艳阳
是矫情还是羞于绽放
总是在三江源头的深山旷野里
深藏不露
夜晚帐房里升起的拉伊
柔情似水
清晨以白哈达招展的方式
告别了亲人
走向更遥远舒心的牧场

云一样朵朵飘落的帐房
扣着牦牛一样不屈汉子的心
在嘎嘉洛草原上
格萨尔王妃珠姆的容颜
用多少头牦牛　多少只羊
也不能一睹
让每一个骨头里冒油的日子里
日夜梦想
炙烤着那些热烈而执着的心

而我在三江源头

邂逅的卓嘎[1]
也让我懂得了缘分
懂得了修行
今生不再迷茫
虽遥遥无期
但心像牦牛绳一样越系越紧

注 ①卓嘎：人名，藏语意为白度母。

羚之恋

伍　德

姑娘，赠我一支箭，一支雄伟炫丽穿越时空的箭——
让我射一匹天边最绚丽的云彩
给你做一件最美丽的衣衫
让天上的吉祥鸟衔来香草，长长久久陪伴在你的身旁
招来三只灵性的小羚羊，紧紧依偎
左手是兄弟，右手是姊妹
朝朝暮暮在草原的怀抱里沐浴你的长发
你温情的手指抚摸羚羊星星似的眼睛
头枕在羚羊的脊背，仰望明月东升西落
我将用这支箭，插在羚羊们最向往的地方

阿妈，赐我一双脚，一双矫健跨越历史的脚——
让我乘着唐蕃古道茶马驿站的东风，带上五匹矫健的大羚羊
听着牧羊人的歌声，把幸福的种子撒向大地上
怀抱雪域高原，让寺院和毡房的云朵飘来，伴着香雾
把世界上最美的歌儿唱给你听，赛过那些鸟儿的歌喉
我要抚平你的忧伤，每天站在你看得见的地方凝望
哪儿有大地，哪儿就有母亲的慈祥

阿爸，送我一把剑，一把斩断时光的宝剑——
让我敞开男儿的心胸，让时光在铺开的山野上滚烫
枕着风光旖旎的洮河浪花
让时光的珠宝在阿尼玛卿山之巅闪亮出岁月的光环
追赶日新月异的岁月变迁
在草地上舞蹈，在黄河边歌唱
双手捧起白龙江，献给滚滚长江，我心中的英雄

兄弟，请赠我一匹马，一匹骁勇顽强的天马——
我要飞遍草原每一个地方，在那神奇的土地上
以诗为马，以马为梦，以梦为旗，牵上九只金色的羚羊
驰骋在牦牛、羊群和毡房漂游的草原
上马扬鞭，下马高歌，花海在眼前形成一窝一窝的祥云
在青藏高原与黄土高原交汇的神奇之地，安居乐业

草原啊草原，你给了我一双多情的眼睛
那被草色染绿的爱情
那如羚羊一样明亮纯美的眼睛，跟着新时代的风
见证青山绿水的沧桑巨变
隧道、桥梁交织飞舞，高速公路、铁道并驾齐驱
瞭望历史和未来，亲睹变迁中挺起一座座绿色城堡
展望岁月匍匐前进中绘制出的一幅幅诗史画卷——

让我们在草原相约
那是降生在大地上的一块七彩缤纷的云彩
伸一伸手你将触摸到你梦中的彩霞
吉祥的八宝镶嵌在和谐家园的心田
以草原的情怀歌唱人间每一个微笑着的心灵
以羚羊灵巧的四蹄在祖国母亲的怀抱里奔驰
尽情享受这湛蓝的天、甘甜的水、丰美的草
还有雨露乳汁以及每一粒游弋在草原上纯净的空气

朋友啊，当你和羚羊相遇，你一定会和我一样
迷恋她的芬芳，和那传奇动人的名字——
一张绚烂的名片，一个镶嵌在祖国胸脯上的图案
在阳光的照耀下，闪烁着熠熠九色光泽
羚羊，羚羊，我的梦魂，我的爱恋——

塔尔寺

聂振生

念珠拨动春光
风铃空出传说
飞檐缝补古月
一缕香火把脉着香客的命运

梵音如花香一样散落
经筒转动着花期
舞动的经幡
招引着迷失的时光
摇曳的格桑花
是经书里散落的文字

洁白的经幡缠住老鹰的影踪
美好的时间刻成雕花的窗棂
檐角勾住唐宋的春光
壁画是佛的眼神
敏感的衣袂挂着历史的尘埃

鹤鸣里滑下暮色

佛灯照亮迷路的烟雨
瓦片照见远方的云朵
几张彩蝶是佛像浅浅的笑容

大银塔掖了掖古深的历史
松柏牵动古风
烛火是经文里的一个标点
从台阶上眺望到了唐宋的时光

梵音打动塑像的听觉
松针上的月亮念珠闪着佛光
蝉的叫声引起古钟的和鸣

黄　河

汤云明

有句古语总是说你　三十年河东
三十年又河西　其实
善变与随意不是你的本性
数万年来　这一河黄色的激流
染浓了大半个中国的土地
为这片文明　镀上古老的金色
几千年来　这一股黄色的血脉
积淀成　一个民族的肤色与文化

历经九曲十八弯的磨砺
多少次　不得不在困惑中
另寻出路　却始终没有改变
雪山巅峰上　最圣洁无私的初心
在涤荡和浸润过一个民族的历史后
心向东方　融入大海宽广的怀抱
是你最后的理想和归宿

这条黄水河啊　颜色就是你的名字
你用温情　血性与宽慰

接纳着中华儿女的苦乐年轮

黄水河　你也用咆哮和怒吼的姿势

教会一个民族　怎样去

敬天　爱人　尊崇自然

还有　在面对困难与险阻时

怎样冲闯出　新的方向和道路

扫码看立体地图

黄河流域示意图

日月山“花儿会”

郑光前

“花儿”和“花儿会”

西北风吹暖青藏高原
绣花袍飘成彩云片片
青春花季的阿哥和尕妹
把欢乐吉祥带到日月山巅
安昭舞舞得云燕翩翩
“花儿”调漫得山风甜甜
日月山“花儿会”是歌舞的摇篮
摇出爱的旋律，美的画卷

牛皮鼓擂得日月增辉
四弦琴拉长乡情绵绵
“花儿会”上的阿哥和尕妹
把风流潇洒撒满高原
阿哥骑马叼羊如流星闪电
尕妹舞花伞像下凡的天仙
日月山“花儿会”是爱的摇篮
摇醒高原梦幻，开创美好明天

长江：闪耀着波光的经卷

铁万钢

经幡牵着经幡，山峦连着山峦
祖国把长江挂在玉树胸前
绕过山的脖颈，绕过一座座佛塔
再绕过巴颜喀拉的手指
念珠上散发着清心的沉香
不知何时，阳光把金店开在水面
金光映在公主庙的崖石上
映在牧人微笑的牙齿上

一支行云流水的羊毫
每每写下“上善若水”四个大字
玉树结古镇的天空就堆满了白云
每一朵云蓄满了乳香味的雨水
长江勾勒着丰乳的神韵
在雨后，在弯弯的彩虹下
晒经台的石块上
僧人们拓印出一本闪着波光的经卷
勒巴沟水印版的经文浮现在阳光下
诵读它时，白云就会涌动

长江就会金蛇狂舞起来

在长江源头第一湾
水袖甩出高高的抛物线
跳卓舞的汉子踩出欢乐的鼓点
赛马人从马背上弯下腰
拿到一条献给心上人的哈达
此时，一条扭身的红鲤鱼
沿着长江，绕着日月
在大地的静脉里迂回，转经——

扫码看立体地图

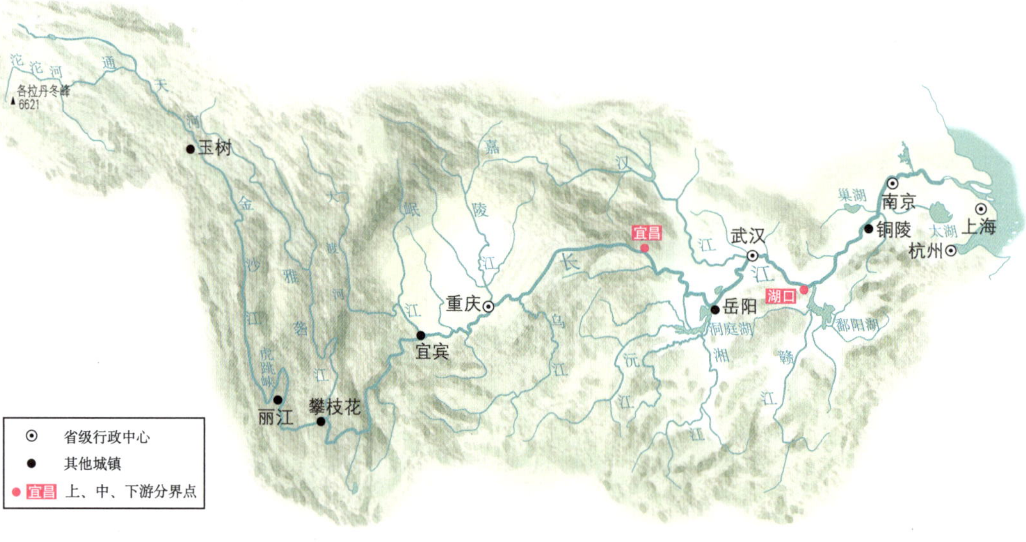

长江流域示意图